日本人改造論

真仲民

東京図書出版

まえがき

「日本人改造論」って何？　と思うでしょ。日本・日本人のどこが問題か、何がおかしいかを指摘したいと思う。変えるか、変えないか、どう変えるか、それは言わない。私は、独裁者でもないし、リーダーでもない。民主主義の国なら、出来れば日本人全員に考えて欲しい。

本書は、専門用語等極力使わず分かり易く、また美しいオブラートは一切使用せず、日本・日本人について、分かり易いように書いたつもりです。

何となく読んでもらうのではなく、理解してもらいたくて、このような書き方になってしまいました。分かり易く書いたつもりですが、分かりづらい箇所があっても、何回か繰り返して読んでいただくと、理解出来ると思います。

日頃、オブラートに包んだ話しか聞いたことのない人は、否定するでしょう。たしかに例外はあります（10～20％くらいか）。

それ以外の話です。どんな本でも、世の中全てを語っている本はありません。

日本人は、民主主義の基本の一つである自由に全く慣れていない。今まで、今でも、規制の中で上手く、理不尽な物等かわして泳いできたので、仕方ないかも。専門用語風に言うと、日本の組織には、まだ封建遺制が多く残っている。封建遺制は辞書で調べて下さい。

日本では、規制を完全に撤廃すると、大概上手くいかない。何故か、それは哲学が無いから。皆が同じく競争する、同じやり方で。そこで相手に勝つには、その方法をより強力に行おうとする。過当競争等問題になる。やっぱり規制がないとダメなのか。

組織の出世争いも哲学が無いから、ただ出世すれば良い、勝ちだ。仕事にさほど興味が無くても、出世欲の強い人が出世する。仕事は出来なくても良い、ごますり、忖度、コネ、派閥、後その組織でしか通用しない仕来り等。

実際そんな事で出世するのか？　出世したい人もバカじゃない。そういう話を聞いたから、いや、実際見てきたからである。別にその組織の出世頭、上層部の能力が低かろうが、どうでもいい話である。しかし、日本経済のここ20年以上の停滞の2番目の原因はここにある。日本の組織同士の競争では、何も問題は無い、皆似たり寄ったりだから。でも外国企業との差ははっきりしている。

教育制度も同じ、哲学が無いから点数さえ取れば良い。分かり易くする為の偏差値、全国共通。採点し易いようにマークシート。択一式、人による採点への偏向もない。すばらしい、効率だけは。

択一式の問題は、多少複雑にしたところで、ほとんどが既成事実の暗記でしかない。知識が無いよりは良いが。偏差値が頭の良さみたいに考えている人は多いが、暗記問題を素早く解くテクニック、要領、それを習得する努力である。一つの才能ではあるが、それだけである。

一番の問題は、日本人は考えない。何か意見を問われても、その事を直接考えるよりも、まず周りの人の意見はどうか予想する、と同時に周りの人の顔を見回す。その時誰かが意見を言わないか確認、次に世論の多数派は何かを思い出す。そして上司・先輩はこの問いに対してどう思っていたか、まだあるがキリがないのでやめる。一番大事だと思っているのは、差し障りのないようにする事である。自分の意見は、どうでもいいような問い以外は極力答えない。このような事が、日本中のあちらこちらで常に行われている。

これでは、新しい考えや意見は非常に出にくい社会である。新しい選択肢が生まれにくいので、世論はその少ない選択肢に対して、賛成か反対かと言う、単純なものになりがち。

日本では、お客様は神様である。だから、お客様の意見は何でも伺います。クレームを受け付けます。小さな自分勝手なクレームも極力聞くのが、正しいと思っているかも知れないが、そんな事言うやつ1%以下だろうという酷いクレームまで何とかしようとする。神様はクレーマーか？

日本・日本人は変だ。それを言いたかった。

考えるだけなら、誰でも出来る。金も掛からない。

ついでに、最近の企業のコンプライアンス問題、スポーツ協会・団体のハラスメント問題の根は、本書の「1　日本組織主義共和国」等を読めば理解できると思います。

日本人改造論◇目次

1 日本組織主義共和国

日本と欧米は、同じ民主主義・資本主義である。そして、欧米は基本、個人主義・自由主義である。しかし、日本は個人主義・自由主義ではない。それでは何主義なのだろう？

日本の組織（会社、各役所、学閥、各団体等、挙げれば切りがない）では、長が一言言うとほとんどの人（70～99％、ペナルティの強弱による）がそれに従う。

これは日本の組織内は半強制の世界で、日本ではそれは常識以上であり、誰も何も言わなくても、そうなっています。

組織内ではほぼ社会主義的（若しくは封建体質、半強制なので）です。しかし、組織自体は国の中では、自由です。すなわち、国という容器の中に、民主主義という溶液が満たされ、そこに多くの封建体質の組織が漂っている状態です。だから、日本だけを見ると、民主主義に見える。

ほとんどの人は何らかの組織に属している。また一人で、複数の組織に入っている人も多いので、個人の自由度は低い（組織は封建体質が多いので）。

組織の色に染まらないと、目に見えづらい（はっきりと見える場合もある〈組織内では〉）いやがらせや不利益を、大多数の染まった人や幹部から受ける。

それは従っている振りをして、ばれなければ、全くＯＫです（ゆるい独裁体制か？）。日本人がよく言う要領よくやれ、の一つだろう。

日本人に自分の考えを持たない人が多いのは（聞くと持っていると言うが）、どうせどの組織に入ったところで、それに従わなくてはならず、また従うのが当たり前と思っているから。そして組織に都合のいい素直な人になれば、少なくとも疎まれる心配は無くなる。

考えない日本人は、誰が正しい事を言っているのか、考えないから分からない、で上司、目上の人、権力のある人、怖い人の言いなりになり、正しい人ではなく、力の強い人に付いていく。

それは戦前・戦中から続くもので、「心ひとつに」「一億火の玉」で、正しい国民は皆、戦争・戦争と言っていた。

戦後、国は崩壊したが、「心ひとつに」は残り、それは国から組織に変わったようである。

私はこれを、組織主義共和国と呼ぶこととしました。民主主義の国では、まとまりが無いように見える事が多い、それは個人が自由で、自分の考えを持っているからです。

日本中が全てとは言わない。何にでも例外（1～20％）はあります。

もう少し遡って考えると、組織主義は社会主義とは関係なく出来たと思う。古く少人数の、家族や部落単位の生活から始まり、家族の長、部落の長老、自然や季節の変化、何十年の経験が、生活に直接影響して、年長の意見に重みがあった。家族や部落単位で協力しないと、生きていけなかった時代があった。

そこには、リーダーはいなかった、その代わりに年長者がいた。その時代では何も問題はなかった。

組織自体を正当化するための努力は正しいという論理「みんな仲良くすれば良いのに」、これが問題である。幼稚園児の発言だったら100点である。日本人は、みんなでやるのは正しい事で、個人でやる事は、エゴ、協調性が無いと非難する。例を挙げると、個人で法律ぎりぎりで、せこいまねをした人を、まるで極悪人の如く扱う。企業が同じく法律ぎりぎりの節税（ばれなきゃ黒も有り）をしても、それは個人じゃないだろ。これは100%見逃す。日本では右翼を忌み嫌っているが、組織に帰属する組織右翼は多い。まるで愛国無罪と同じく、愛組織無罪とでも思っているのか。「みんな」というのは、周り全ての人という意味ではなく、その都度、都合のいい利害関係の一致した人で、2～3人（すなわち、その2～3人のエゴ）でも成り立つ。個人でなければいいのであって、組織主義の利用の仕方である。

日本では「みんなのため」、若しくは「組織のため」という言葉は最強である。こうこうで納得出来ないだろうが、「みんなのため」（若しくは「組織のため」）だから（我慢してくれ、とでも言いたいのだろう）。封建時代、主従関係でご主人様（今は上司等）の言いなりで、理不尽を受け入れるのが、当然だった名残か。

日本の組織は、内部は封建主義的であり、建前は綺麗ごと（厳しい規則等）を謳っていて、事が公になると、組織（＝組織の上層部）の責任が問われ、厳しい処分を下さなければならない。それで、どうしても隠蔽体質になってしまう。大きな隠蔽は組織のトップが、指示または命令しなければ成り立たない。それは報復（同時に忠誠を誓う）を怖がり、また心ひとつに組織のために、という言い訳が無ければ、隠蔽工作に加担できないだろう。特に長年に亘り行われていた隠蔽は、ほぼ１００％トップの命令である。いくらトップがボンクラでも（「知らなかった」は、ボンクラで済みませんでした、の意味だろう）トップになれたのなら、そこまでボンクラの可能性は、限りなく０％だろう。どうしてもボンクラだと言いはるのなら、ボンクラなのだろう。

でも、ボンクラがトップや幹部の組織は情けないし、日本にとっても、その組織の存在が少し情けない。

勿論、その隠蔽体質も隠蔽しなければならない。ここで根が深いのは、組織であるから事情を知っている内部の人間は、いっぱいいるはずである。だが、その全員が黙っている。それは黙っている事が、組織の人間として認められる免罪符になっているからである。

もう一つの理由は、子供の頃から「目上の人の言う事はよく聞くように」、これを繰り返し聞かされてきた。これは教育のようであるが、どちらかと言うと、一番大事な処世術だからだ。連綿と続いてきた日本の封建体質、これで親は苦労したのだろう。そして日本の子供は、正義と自由についてあまり教えられていない。であるから、組織の問題点は、問題点を組織の外、即ち溶液（民主主義）に晒さなければ解決しない。

もう一つは、折角手に入れた現在の地位。「上」（地位・年齢・その他）の者の言う事が聞けないのか・「上」の者に逆らうのか。言うか、心の中で思っているだけかは、同じ事である。そう思っている「上」の人は多い。そう思っているから、ついつい理不尽な事も言えるのだろう。客観的に見ると封建体質を満喫しているように見えるが、本人（「上」）は当然だと思っているのだろう。

日本は、個人主義の真逆の組織主義で、個人より組織（入れ物）に重きを置く国である。

そこで組織の在り方について、一言言わせてもらいます。宗教団体も一つの組織と、私は思っているので、宗教団体（法人）を例えに考えてみました。

私は、宗教は一つのソフトウェアのようなものかなと思う。仏教では寺院や大仏、また宗派による細かい儀式の違いは、二次的なもので、興味が湧かない。信仰心の無い私の、考えは置いといて。

宗教は、教祖だけの力では、ちゃんとした宗教にはならないと思う。教祖の死後、多数の、たぶん優れた弟子たちが、教祖の考えにいろいろ補足してほぼ完ぺきに近い経典を作り上げていったと思われる。

そして、その時代に合った教えに変化させなければ、意味はないと思う。もし教祖が今、生きていたなら、あの頃と同じ事は言わないであろう。

昔と今では、常識すら大きく変わっている。昔には無かった物が、今はたくさんある。本当に教祖を崇めているのなら、本当に教祖の事を理解しているのなら、今のこの時代に、教祖は何と言うか、それが分かるだろう。

ただ昔教祖が言ったことを、守るだけなら、誰にでも出来る。自信と勇気が無ければ、何も変える事は出来ないだろう。これは、宗教以外のあらゆる組織にも言える事である。教祖を、創業者に変えると企業にも当てはまる事だと思います。

2 日本

日本の治安の良さは、弱い立場の人に泣き寝入りを、強要・希望。そして、お人好しの使い捨てからなっている。

自由じゃない日本と言うと、否定したり、嫌がったりするかも知れないが、全体としては上手くいっているように見える。（現在は）日本人は、この不自由を満喫している。

日本人は、気を遣い過ぎている（無駄に）。

簡単な例を挙げると、電車の席を若者が譲らないとか、席を譲った若者が私は年寄りじゃないと怒られたとか、会話をする前に、相手の気持ちを汲んで考えている。多くの日本人は、それが素晴らしいと言う（年寄りは特に）。結局、気を遣い過ぎて、会話が下手になっている。それから、年上に対して敬語を使う。一歳でも上なら敬語を使う。初対面の（年齢不明の）人に対して、最初にするのが、相手の年齢確認、大抵外見で判断して、敬語を使うか、相手に使ってもらうか判断する。席を譲る時も外見だ。だから齟齬がでる。どうせ気を遣うのなら、相手が座りたそうなのかどうかを見極める洞察力を身につけろ。もはや、年寄りに気を遣うのは美徳とは言えないだろう。文化ではあるが。

他の実例では、勝手に（外見で）、人の事を年下と思い込んで、対等に話していたら、段々機嫌が悪くなり、実年齢を知ると、謝りもせず、ばつが悪そうに逃げて行く。どれも、時間の無駄と、気分の悪さだけが残る。極端に何かが違う場合以外、敬語文化はウザイ。

今の日本人は、甘い、柔らかい話しか聞けなくなっている。

０・１℃（小さなこと）上がったと言って、まるで１００℃上がったような大騒ぎ（多分視野が狭いせいだろう、それと平和なのか）。10℃上がると、もう何が起こったのか分からないので、想定外だの言い訳が通用する。角の有る堅い話は、処理する能力が低下しているので、避けたがる傾向にあり、それを察したマスメディア、有名人、高学歴者達は、柔らかい角の無い話をするが、それはどこか昔に聞いたことのある、紋切り型の話にしかならない。またそれを聞いた人々はそうだろ、そうだろと思い安心する。

ネガティブな内容の話でないと説明できないことは、闇に葬られるように、聞こえてこなくなる。もちろん積極的に調べる人は、知っているが、極わずかの人しか知らないことが、どんどん増えていく。

個性をあまり認めず（どうでもいい個人のワガママを多少認めて、これをもって個性を認めていると言っている人もいる）、目上に気を遣い（基本ゴマスリ）、差し障りなく、同僚と上手くやり（仕事が出来ても出来なくてもだめ）、その他小さな組織ごとのしきたりに従っている人が、日本における理想的な人で、その他のことはどうでもいい。ということは、出世したい人は全て（80〜90％）同じ種類の人と、そういう人間を装った人となり、ワンパターンの人しか出世しない。まるで人間も大量生産、同一品質の人を作っているようだ。

3 責任を取りたくない日本人

日本は、メンツとミエとネタミの国である。他人が成功した時の賞賛と失敗した時の非難では、非難の方が10倍大きい。

何かを行って結果が悪いと、責任を全て何かを行った人に押し付ける。そして、何もしなかった人は、その結果が何もしなかったことで悪化しても、関係ない（と言って）ので何の責任も取らなくてもいい。

だから、平均的日本人は積極的には何もしない。決まりきったことをする、誰かのマネをする、誰かに言われたからする、つまりは何かを変えることをしない。

何もしない（結果が悪くても、それは大昔にだれか偉い人がそれを決めたので、誰も責任を取らなくていい）から失敗しない。そして年功序列、何もしないで年を重ねる。日本で一番成功する秘訣である。

何か（変化をさせて）失敗すると集中砲火を浴びる。全員で一人を攻撃する（日本人は全員で同じことをして、同じ意見じゃないと気が済まない）。誰が攻撃するか。それは全国的に有名なことなら日本人全員。ある組織内なら他の組織員全員から。

全員一致が大好きな日本人ならでは、である。民主主義の国では、まずあり得ない。本当は違う意見の人も、数の多い方に合わせる。合わせないと、その場の雰囲気が悪くなり、時にお前もそいつ（少数派）と同じかと言われ、攻撃対象と同一視される。だったら周りのみんなと合わせよう（逆にこれが出来て大人と思っている人が多い）。

何かと似ている。子供はよく大人を見ている。

日本人は、小学生を教育する同じ方法で、大人に説明する。

たしかに小学生が分かるのだから、大人なら誰でも分かるだろう。大人数が集まると、この小学生レベルでみんな納得する（これは挨拶の一種だろう。本気の話し合いをしなくてもよいように。もめる「かも知れない」ことを避けるため。挨拶に始まり挨拶に終わる。そして中身は何も無い)。

　これが日本人得意の建前である。

　この建前、親しい少人数の時はまず聞かれない。この建前、初対面の人との挨拶には使える。日本人は公では、本音の話は基本しない。

　自由・平等・正義より義理・人情が優先する。「ゴマをすらなきゃ義理が立たぬ、忖度されれば情が湧く」

　義理と情、これは少人数(群、部落、村)では有効かもしれない。義理と情、これは基本目に見える自分の周りの人にだけ有効な場合が多い。義理と情を行使すると、それ以外の人に対しては平等・正義に反する場合が多い。それを日本人は、巨大な組織(何万〜何十万人)、地方自治体(何万〜何百万人)、国(億人)レベルでも義理と情を美しい文化として行使するから、贈収賄に対する罪悪感も薄い。また、権力者が縁者・〜閥等の一部関係者に対して、不公正な優遇を行っても当然と考えている人が多い。お友達〜も、悪いとは思っていないのだろう。

4 失言問題

基本、代議士の話であるが、日本人全体にも関わっている話である。

公の場での決定的な失言（明らかな人種差別等）なら、当然問題であるが。唯々、揚げ足を取りたいだけで、重箱の隅から失言を探し出し、誰かが騒ぐとマスメディアも取り敢えず、失言は良くないこととして報道するが、まるで議論が出来ないのか、したくないのか。失言を攻撃している時は、逆に反撃されないので、これで時間稼ぎをして時間切れになると、何も議論しなくても、失言を攻撃した方が、勝ち誇った顔をしている。

失言をしない議員が良い議員と、勘違いさせている。何もしない議員、決まりきったどうでもいい、毒にも薬にもならない、差し障りのないことしか言わない議員ばかりになる。

失言した時も、失言だけをクローズアップして、他に何を言ったか報道されない（勿論、それを狙って失言問題を取り上げているのかもしれないが）。日本人は外見（失言）にこだわり、中身（問題点）をおざなりにする傾向がある（それは多分、日本人は他人からどう見られているかが一番気になるから）。

失言問題を取り上げてもいいが、一言、二言言い返せば済むことを、ことさら大問題のごとくとりあげ、大騒ぎして、議論の本質を全て棚上げして、小さな勝利（実際は勝利では無いが、失言問題で相手を攻撃して謝らせる）だけで、自分たちの意見・提案・主張を正当化している感がある。

日本は基本ＷＥＴで、外観・上下関係・古い慣習にこだわり、感情で物事を決めすぎる。

外見（失言）にこだわり、中身（問題点）を先送りしても、ほとんどの人は何も気にならないように見える。むしろ当然と思っている人もいる。

ヤジの下品極まりない言葉を無視しているくせに。時と場所をわきまえれば良いと言うが、国会での答弁はどうでもいい時か？

物事の表面ばかり気にして、中身などどうでもいいと思っている（思ってさえいない）。

ラーメンの話をしているのに、ラーメンに入っているコショウの話しかしない。ウドンを食べる時に、入れるトウガラシが辛いから、このウドンはだめである、と言うのと同じである。

日本人は議論しないから、クレーマーの言うこと（1％以下の意見）と、正当な意見の区別がつかない。と言うか……。これは失言ではないと思うが！

5 原子力発電について

私はどちらかと言えば、原発推進（維持）派である。どうしてかというと、原発の巨大な施設を使用しないと、膨大な無駄になる。休止中も保守などに、多大な費用が掛かり、廃炉にしたところでどうせ大きな費用が、長年に亘り掛かり、この間何も生まない。

日本が、大金持ちの国なら話は別だ。事故を起こして、迷惑を掛けたから嫌いだ。放射能はいやだ。それは分かる。

だが、日本は先進国の中で最低の経済成長である。いや発展途上国を含めても、紛争国を除けば世界最低レベルの経済成長率が続いている。

日本の色々な問題も、この低成長に起因している。例えば、派遣社員問題。日本の企業が利益を上げられなくなり、人件費を削るため、派遣社員の割合を増やしている。

それに合わせて法改正か？　勿論財政赤字の増加などもある。

この低成長の国で、どう考えても経済成長率を下げること（原発廃止）を何とも思わないとは。直接自分たちに影響する消費税等は大騒ぎするのに、日本の成長率低下、財政悪化は、間接的に自分たちに必ず返ってくる。

原発を止めて、太陽光発電にすれば良い。素人受けが良いキャッチフレーズである。原発事故後、ここぞとばかりに、マスメディアはこれを取り上げ、原発反対大特集である。日本人は世論が傾くと、相も変わらず一方向へまっしぐらで、反対意見を封殺する。原発反対、これだけ言っておけば、まるで正義の味方にでもなったかのように思えるのか？

太陽光発電の専門家を呼んできて、太陽光発電はどれだけ優れているか、だけを喧伝する。太陽光発電は、全く欠点の無い物のように言っている。日本のマスメディアは世間に媚を売る（視聴率のためか？）から、真実よりも取り敢えず原発はたたく、太陽光発電は賛美という、シナリオ通りの報道をしたがる。まじめで近視眼的である。今の時期、原発も良いよ、何て言えるわけないだろう。誰か言っているだろう。聞かなくても、想像できる。

太陽光発電の専門家はこのチャンスを逃すまいと、太陽光発電の良い所ばかりを説明する。だったら、何故今まで太陽光発電は、こんなに少なかったのか？「大人なら、少しは考えろ」

太陽光発電の専門家は、大概太陽光発電の問題点はあまり言わない。言っても、申し訳程度である。専門外で、知らないのか、それとも知っていても言わないのか分からないが。「テレビ見ているあんた、太陽光発電で発電した電気、あんたの家に届かないと使えないから」

太陽光発電は、夜は発電しない。それは誰でも想像出来るだろう。じゃ昼間は発電している？　雨の日はほぼ０。日の出・日の入り時もほぼ０で、日の出からピークの正午に向かって、少しずつ増えていく。簡単に言えば、正午をピークとした、日の出と日の入りの点を結ぶ三角形である。

それに比べ、火力・原子力発電は、ほぼ昼夜を問わず一定で運転可能である（火力発電は比較的出力調整が容易である）。電力は需要と供給を合わせなければならない。はっきり言えば、太陽光発電は電力の質が低い。

太陽光発電を増やせば、全てが解決するかのように言っている人がいたが、原発を止めて太陽光発電にすると良いと言うのなら、雨の日は工場を止めなければならない。太陽光発電は補助にしかならない。

太陽光発電が少し増えただけで、日本の景色が変わってきた。どこにでもある発電用パネル。増やしても良いが、自然破壊をして緑を削ってまでは、作らないで欲しい。エネルギー密度の低い太陽光発電、狭い日本では増やすのも限度があると思う。

原子力発電より太陽光発電が安いは基本ウソである。太陽光発電を原発・火力と同程度に使用するには、大容量蓄電設備が必要であり、その費用は計算に入れているのか。さっき言った発電量の、三角形を思い出して欲しいが、送電線の容量としてもピーク時の発電量に合わせなければならない、この非効率性。

あまり費用の話はしたくなかった。それは放射性廃棄物の処理費用を無限∞にしたら、不毛な議論になるから。

素人に毛が生えた程度の人達（毛さえ生えていない人も含め）が、聞きかじりの知識をひけらかしたかったのか、原発を全て停止しても、太陽光発電でその分は賄えると言っていたが、どうなったか。もしそうなったら、日本国中発電用パネルだらけになり、電気料金が大変なことになっていただろう。でも、実際は私が予想した通り、ちょっとだけ太陽光発電が増えて、原発止めた分はほとんど火力発電で賄い、化石燃料燃やして、炭酸ガス出して温暖化を一押し。

もし日本が、先進国で技術大国なら、原子力安全技術を確立して、原子力技術を持てない国に、石油は少しでも残してやってはどうか？　日本が化石燃料を使うほど、化石燃料の価格にも少しは影響する。

30年後、50年後に太陽光発電が、日本の発電量の主力になるには、技術の大改革

（たぶん蓄電池設備）が必要だが、そんなに可能性は、高くはないと思う。どちらにせよそれまでは、炭酸ガスを垂れ流さなくてはならない。仮に100年後、核融合発電がもし実用化したとして、技術者は安全性が高いと言う人が多いが、原理は水爆と同じである。

もう一つ言いたいことは、原発事故で大勢の人の居住・生活を奪ったことは否めない。しかし、放射線障害による一般人の死者は、急性障害は0、慢性障害についても0に近い（確認できない）と私は思う。勿論、急いで逃げたからでもある。

だが、どうしても原発事故・放射能を叩きたいマスメディアは、軽度の放射線障害を大げさに取り上げ、かもしれないと言う、分からないことを良いことに、恐怖を植え付けるように騒いでいたが、ブームは去ったのだろう。

実際は、医療装置での放射線被曝、これによるガン発症の可能性は小さいがある。そのリスクを含めても、医療装置は十分必要な物である。世の中、リスクが0の物は存在しない。ガンで死にたくないのなら、自然放射線の2～3倍程度の被曝を気にするより、がん検診を受けた方が、１００倍効果がある。

原発事故が起きたらどうする。誰が誰に向かって言っているのか。津波を甘く見ていた責任はあったのだろう。40年前の原発に比べれば、新しい原発は技術向上、経験により安全性は上がっていると思いたい。

今後、原発事故が絶対に起こらないという保証は無い。でも、原発は必要だと思う。大事故は、原発以外でも起こりえる。

唐突だが、煙突は何のためにあるかと言うと、燃焼を助けるための通風の役目がある。しかし、もう一つ大事な別の役目がある。それは、煙突から出る煤煙（すすや硫黄酸化物等の有害物質）の拡散（薄める）である。勿論煙突が低いと、濃い煤煙が近隣に降り注ぎ大変である。大気汚染防止法でも、ちゃんと拡散（薄める）しなさいと定められている。色々努力しても、完全に煤煙は綺麗な物にはならない。他に方法は無い。放射能汚染水は無限にため続けることは出来ない。人の命に関わると言うのなら、大気汚染の方が大きいだろう。日本人は、放射線についてだけ神経質になっているように見える。戦争＝原爆＝放射能＝放射線＝悪、と連想するのか、無意識で。日本人は、これだけ放射線・放射線と騒いでおきながら。風評被害の元の原因は、日本人自身が作ってきたのでは。

ついでに言うと、今まで散々原子力で発電した電気を使ってきて（その分石油等の輸入が少なくてすみ、どれだけ日本経済に貢献したか）、一度の事故で全てを結論付けて、みんなで寄ってたかって原発叩き。一人を大勢でいじめる、よくあるイジメのパターンとそっくりである。

原発が事故ると、原発の立場が急低下、自動的に太陽光発電の価値が上昇したかのように錯覚。

冷静に見ていると、異様である。

原発大嫌い人間から見ると、まるで原発擁護・賛美のように、聞こえるかもしれないが、一方向に流されると、流されっぱなしの日本人に一言言いたかった。原発を利用して。

何故そうなるのか、それは「何も考えていない」からである。「そんなことはない。だって、周りの空気読んでいるし、目上の人に気を遣っているし、忖度だってできるから多少出世したし」それこそ、考えていない証拠である。それは、「考え」ではなく「惰性」だから。

6 選　挙

年寄りはよく、若者の政治離れ、投票率の低さを嘆いているが、じゃ年寄り（この場合よく選挙に行く人程度）は、ちゃんと選挙をしているのか？

確かに投票には行っている。じゃあ、どうやって、誰に投票しているのか。よくある、自分の所属している組織の方針で、これが約50～80％くらいかな、そこに入れる。それから、同僚、上司、友人、その他気を遣う相手とのしがらみ（頼まれて）、更に有名人、政治家の親類縁者（世襲好きの人は）、後は外見かな。

大人の事情だから、仕方ないだろうと言う逆切れが聞こえてきそうだが、ちゃんと選挙しているかどうか（自分で考えているか）の話をしているのである。

誰に入れるかなんて、ちゃんと調べて、自分で考えてなんて、面倒くさいのは確か。

それ（大人の事情）のどこが悪いと言われると、別に悪くはない、ただ、情けないだけである。

年寄りは選挙に行っている、ちゃんとした大人であるアピールにはなる？　でも実際は、だれに投票するかで、自分にとって損か得か（損得だけではないが）すら、分かってない人が多い。

ついでに言うと、若者と年寄りでは、投票傾向が違う場合が結構ある。投票率が高い年寄り好みの候補者が当選し易い。年寄りはどうしても、古い考え・保守的な・安定を求める。いつまでたっても、政治が変わらない。

若者の投票率が上がれば、当選者が変わる、即ち政治が変わる可能性がある。あんた（若者）一人が、投票しても確かに何も変わらないかもしれないが、若者が平均投票率か、それ以上投票すれば、政治は変わるかもしれない。

7 教育について

現在は物事を、点で考える傾向がある。学問の細分化、専門化が進み、それ自体は、そのことだけを、学んだ方が効率は良くなり、狭い範囲の知識としては、深く追求できることは事実で、学問だけを考えると何も問題はないのだが。

ただ世界、世の中の問題を解決・考える上で、点の細分化された学問・知識だけで、解決・判明する事柄はほとんどない。

もっと言えば、科学・物理・生物・心理・人間工学・文学・統計学・数学等、挙げればきりがない。その多くを使わないと実際は、分からない、事実には近づけないと思う。

古く学問の初めは、問題解決や分からない事象を知りたいために、始めたのではないか。

その時、人は学問の分野は、ほとんど意識せず分けていなかったのでは。

現在では、問題が生じると、その分野の専門家が出てきて、細かい専門的な部分では、確かにそうなのだろうという意見を述べる。しかし専門外の質問も来る、その時の意見が素人、たまにそれ以下。専門じゃないから、分からないと言えないのだろう。そうじゃなくても、強引に専門知識だけで答えを導きだそうとする。またここぞとばかりに、その専門分野の素晴らしさを、多少の尾ひれを付けて宣伝する。

一部の人を除いて、その話を絶対的に正しいと、思いこむ視聴者（オーディエンス）にも問題がある。

現在の教育は、20階から21階へ、たった1階上がっただけで、自分の力で21階へ上がったつもりでいる。そこが勘違いする原因である（現在の人間が、過去の人間に比べ優れていると言う）。

20階は、もはや過去であり、現在の環境から少しずれた地面（床）である。本当に真実（事実）を知りたいと思うのなら、地面から21階まで上ればいい。

だが1階、2階……20階、その全てにおいて、その時代の地面は全て違う。その時代の階を全て暗記しても、意味はほとんどない。地面の変化の原因（理由・自然・歴史等）も、同時に考慮して、自分で考えれば少しは賢くなるだろう。考え方も考えろ。

地上から1階に上がった石器時代の人類と、現在の人類ではどちらが賢いだろう。全く同じであろう。いや、ひょっとしたら。石器時代の人類は、生きるために必死に考えていたことだろう。で、今の人類はどうだろう。

頭を使っているだろうか？　暗記勉強で、知識の量は確かに多いだろう。暗記ならコンピューターにまかせた方が効率は良い。ＡＩ等が、進化してきたら尚更考えるチャンスが減ってくる。楽な暗記だけで、頭を使っていると言えるのだろうか。暗記は、そもそも勉強する内容が決まっている。後は忍耐と努力と要領だけである。

どんな物事にも、利点・欠点はある。それなのに、これは良いの・悪いの、二者択一、まるで幼稚園児。流行りや偶然で悪くなったり、良くなったりする。何も考えていないから。既成事実の暗記だけで、生きているから。

スマホで調べて分かったから、一つ賢くなったと思っているあんた、一つ暗記しただけだから。そしてそれも、いつまで記憶しているのか。

今、何を考えるべきかを、考えることが出来るかである。何が一番必要か、重要か、未来を考慮した考えが出来るかである。

8 暴力・イジメという言葉

「暴力（イジメ）は絶対ダメ」（どんな暴力〈イジメ〉もダメという意味だと思うが）という言葉。単純過ぎるキャッチフレーズ。幼稚園児には丁度いいかもしれない。大人が真面目な顔で言うからダメである。

ちょっと触っただけで、けがも全く無いのに暴力。相手が死ぬかもしれなかった大けがも同じ暴力。これも同じ暴力ですね、という間の抜けたきれい事が成り立ってしまう。ミソとクソを同じにしても何も感じない日本人。

この「暴力（イジメ）は絶対ダメ」というキャッチフレーズがこれを可能にしている。単純すぎて、世の中の現実から全くかけ離れていて、おとぎの国でしか通用しない言葉である。

イジメもまた同じで、毎日一人を何人かで1年間イジメ倒して、自殺に追い込んでも、周り（先生・生徒）は見て見ぬふり。1回（1年間で）誰かをからかっても、同じイジメと言う。これは組織（この場合学校）が隠蔽体質だからである。

日本人はまず、ミソとクソの違い（あきらかな犯罪行為と全く犯罪ではない行為・陰湿さ等）を勉強しよう。違いが分かっているのなら、区別しよう。そうしないと、一部の人により恣意的に利用される、されている。

イジメという一言、暴力という一言では、何も分からないということである。程度の区別により、全く違う内容であると分かるはずである。

今までは組織は、暴力・イジメを隠蔽してきたが、暴力・イジメを少しずつ認めるようになってきた。これからは、その程度を隠蔽していないか、注意しなければならない。

✦日本人の自己責任論

そもそも自己責任というのは、自由な国の言葉である。あなた（個人）には、自由がある。だから、あなたはそれを行う権利がある。ただし、それを行う事により生じる責任を負わなければならない。すなわち、あなた自身が死亡・けがをしても、他の誰の責任でもなく、あなた自身の責任である。あなたが、誰か、何かに損害を与えた場合、あなた自身に損害賠償責任がある。自由にもルールがあるという事である。

危険国に入国して、直ぐに捕まり取材もできず、技量には問題はあったかもしれないが、別に物見遊山で危険国に入ったわけでもない。そこまで、責められる事もないだろう。また、危険を顧みず入国した英雄でもない。

日本は民主主義の国であり、死刑囚だって死刑執行されるまでは、その生命は保障されている。助けられるのに、その人を助けない選択は、民主主義の国としてどうだろう。

多少の散財の事を言う人がいるが、ケチ臭い事を言うな。昔、「人命は地球より重い」とウソ臭い事を言った人がいたが、それが「ウソ」と「確定」するのも寂しい。
今回（シリア）の救出は、自己責任とは関係の無い話である。

9 平和ボケ

日本人は、戦争を知ることとから逃れようとしている人が多い。戦争から距離を置くことだけが、平和だと思い込んでいる。

戦争のセの字の付くものを忌み嫌い、平和のへの字が付けば何でも崇めようとする。平和ボケの原点である。

戦争に負けてどんなに悲惨だったか、だから戦争はダメである。

なるほど、だから戦争に勝っている時は戦争ボケで、ごく一部の非国民以外は、みんなで戦争・戦争と言っていたのだろう。

お前「本当は、戦争はだめだと思っていた。でも、みんなが……」

おれ「お前がみんなの一部だ」

日本人は、みんな同じ考えが当たり前で、少数意見に対してお前はなぜ違うのだと、プレッシャーをかける、すると……、でもなぜ自分が、多数派なのかは考えない。みんな一緒だから正しい。

何も考えないのだから、雰囲気でどちらにでも振れるのだろう。今度大きなイベントが起きたら、何ボケになるのだろう。

しかし、「心ひとつに」だけはかわらないのだろう。

一つの例として、バブルの後、バブル前とは、真逆の安全ボケと化し、リスクを全く取らなくなった。それも一部の人たちだけならまだしも、全員でやっている。痛い目に遭うと、今までのことは無かったことにして、真逆になる。どれだけ単純なのか、今でも変えられないのは、日本には（本当の）リーダーが一人もいないからである。

空気を読む。これが日本人の平和ボケの二つ目の原点である。空気を読むとは、その場の雰囲気を悪くしないことで、その場のその瞬間だけ、その場にいる人が仲良くなる、または仲が良い振りをする。

問題は、瞬間だけの方である。たしかにその瞬間だけは、雰囲気は良くなる。だが先のことを考えていない。

日本人同士と同じように、他国が何か文句を言ってくると、そのクレームは正当性があるか、間違っているかを考えないで、何でも取り敢えず他国の顔色を窺い、その場だけ取り繕おうとする。

当然問題は先送りになり、解決しない。そして問題が大きくなる可能性があるが、昔のことはもう忘れていて、またその瞬間だけ取り繕おうとするのが、平和ボケの大きな問題点である。考えろ！　感じなくていい。

日本人は、周りが白いと、黒いシミを取り除き真っ白にする。その逆も同じ、周りが黒いと、白いシミを取り除き真っ黒にしたがる。心ひとつに、全員一致を、半強制する。

戦前・戦中に戦争・戦争と言っていた戦争ボケの人々と現在の平和ボケの人々は、全く同じ種類の人間である。何も考えないで目上の人の言う事をよく聞き、周りに合わせ、気を遣って、いい人ぶっているところは、全く同じである。まあ何も考えていないのだから、雰囲気でどちらへでも振れるのだろう。

ついでに憲法九条について一言。

日本人の一部の人は、九条さえ変えなければ、日本の平和は守られると言っているが、本心なのか、それともそう思いたいだけなのか私には分からないが、確かに子供にも分かるシンプルな平和（主義またはボケ）的目標だが、憲法九条があったから、日本は平和だった。そしてこれからも。終戦当時、日本がまた軍国主義を復活させないように、某大国が考えたのは当然だと思う。

あれから70年。

九条が無い国（勿論何らかの平和主義的な項目は有る）は大戦争をしたか、いやしていない。

ということは、日本だけは非常に危ない国または国民なので、九条で縛り付けなければならない。これだと辻褄が合う。でも近隣諸国の右翼的な人と、同じ考えだけど。

ちょっと突っ込まれると、言い訳のように、九条は、平和の象徴なので、この気持ちを忘れないようにするためとか、そんな心だと。

結局何も考えなくていいので、これだけで平和になるという、教えを守っている。憲法九条を神とする宗教である。楽をしたい日本人が考えた（考えない）一番楽な平和主義（ボケ）である。

平和ボケのもう一つの問題点は、周りの国の状況に全く関係なく、成立出来ることである。日本の周り（本当は世界情勢）がどんなに変化しても、何も変わらない（何もしない）。

おとぎの国では、存在出来るかもしれない。

平和ボケにもリスクは有る、そのリスクは普通の国（昔野党の「普通の国になりたくない」というキャッチフレーズがあったが）よりリスクは大きいと思う。平和にも戦略が必要である。こう言うと平和ボケの権化は、戦略ですって、「なんと恐ろしい」戦争の、戦の字が付いているなんてね。

平和ボケのお偉方は、九条を守っていて、何か起こっても何の責任も取らないだろう。

九条さえ守っていれば、戦争は起きないはずなので、戦争が起きたらそれは何か自分たちに関係のないことが原因だと言いだすだろう。それは全く矛盾している。それは戦争を知らないから、言えるのだろう。戦争は誰かが起こすものじゃなく、起きるものだからだ。

「戦争は悲惨だから……」そんな単純で、傲慢な発想はやめて、少し、いや、結構考えて、大人になれば。戦争の悲惨さを知らない人には、説明すればいい。ただそれだけである。

戦争の結果どうなったか、結果だけで後悔するなら、猿、いや、哺乳類なら痛い目に遭えば、犬でも、猫でも分かる。もし戦争が悲惨だと言いたいのなら、その前の勝っていた戦争（日清・日露・第一次等）は悲惨じゃなかったのか？

平和ボケの人は、戦争について（悲惨以外）話をしないが、一番しなければならないのは、その原因である。過去の戦争だけでなく、これから起こる戦争も、である。平和を望むなら戦争を勉強しなさい。

日本人は人（特に自分の周り）から、どう思われているかが、一番気になるようだ。だから尚更自分の意見より、人に気に入られそうな、一番無難そうなことしか言わなくなり、それが自分の意見だと思い込む？

そして日本人は、お人好しを自慢したがるが、そんなこと、日本人同士にしか、通用しない。まるで相手に隙を見せているようで、相手に失礼ではないか。近隣諸国が日本人の蛮行を、何かに付けて言うと、それに対して、日本人は相手の顔色を窺いながら、なだめすかす。何を言っても同じ反応しかしない日本人にイラつき、もっと過激なことを言いたくなるのではないか。

日本人は目の前の人間の、その瞬間の気持ちを窺うのは得意だが、違う国にはその国の人たちがいる、日本人ではなく。それが基本抜けている。離れた場所にいる人の心は、分からないようだ。

戦争ボケ・平和ボケの人は、基本、日本ではいい人である。真面目で、素直、すなわち日本的目上の人の言うことを、ただ、そのまま信じる。責任は自分に無い。責任は誰か分からないが、上の誰かが？　だから一番楽な、……ボケになれる。

全く同じことを言っても、肩書も無い、有名でも無い人が言うことは、誰もそれを聞かないが、著名な人が言うと、すぐ信じる。すなわち、いつでも何も考えていない。

石器時代の人より、現代人の方が、脳が退化していないか、調べた方がいい。退化という進化には時間がかかるので、実際脳が小さく、軽くなるのは、先だろうが。

10 時代錯誤右翼と平和ボケ左翼

これは専門家ではなく、一般人の意見である。

問題は右翼ではなく、時代錯誤の方である。

平和ボケ左翼にしても、問題は平和主義ではなく、平和ボケだからだめなのである。

まず、何も考えていない。憲法九条を守ればいい。戦争は悲惨だから絶対だめである。

一見正しそうだが、終戦時に思考停止して、その時の感情のみで、全てを決めている。

生物（人間）は環境（国際情勢）に適応（対応）できなければ、生きる資格はない。

神の誕生（これは人間が考え出した物なので、せいぜい古くて20万～30万年前）よりずっと前（38億〜40億年前）から決まっている。

色々考えて左翼になるのはいい。同じく色々考えて右翼になるのもいい。お互い考えているから、話し合いは出来る。今は出来ていない。今はただ、自分が正しいと言い張っているだけで、相手の話の内容に入っていかない（若しくは入っていけない）。一部の専門家は話し合っているようだが、どうしても細かい一般人の全く知らない話になりがちである。

別に左・右・中どれでもいい。ネオコンだっていい。生きるために。平和ボケは、絶対という言葉を使うのなら、殺されても絶対戦争をしない、と取ってもいいのかな。そんな極端なとか、そうならないようにするのが、平和ボケだと胸を張るが、何の根拠もない（憲法九条を守るだけで？）。

世界には数十億の人間が、権力、欲を求めて蠢いている。日本だけが世界と離れて、おとぎの国に存在するのならいいが。昔は海が大きな壁（ボーダー）だったが、今はその壁は大分低くなっている。

あなたの周りには、相手の顔色を窺い、ゴマをすり、忖度して、少しだけ目先の利益を得ようとしている人しかいなくても、それは社会の一部でしかなく、あなたの知らない、もっと欲の大きい（どんな手段を使ってもよいと思っている）人が無数にいる。

時代錯誤の方に目を向けると、平和ボケは終戦時だが、教育勅語だのは明治（それとも昭和初期なのか）に戻ってどうしようというのか、どうしたいのか。日本人は権威と肩書に弱いから、教育勅語・天皇という権威に勝るものは他にない（無意識なのか？）、いや思いつかないのだろう。

日本人の権威と肩書という形に弱いという病気は治らないし、戦後、新しい権威を作りだせる大物は、一人も居なかった。だから今でも、古い戦前の右翼的流れを基本とする政治理念と、古い戦後すぐの外国の顔色を窺う左翼的政治理念の戦いが政治だと思っている人（年寄りが多い）がいるが、私は両方いらないと思う。

（個人より組織の日本では）私の想像では、戦時、昭和天皇は一人で苦しんだだろう。

戦争前夜・戦中・終戦時、細かい話は知らないが、天皇の言葉・決定は非常に重いものだというのは、天皇自身分かっていただろう。だけど、天皇は何かを決めたのだろうか。軍部・政治家の上層部（人数は分からないが）が決めたこと（勿論日本的に匂わすでも同じである）を、否定したり、違う決定を下せただろうか、多分、追認するしかなかっただろう。

天皇自身に、全ての情報が上がってはいないだろう。上層部が、忖度したり恣意的に、情報を上げていただろう。複数の上層部のプロ（専門家？）の意向、これを天皇一人で考えたとして、これを変更させられるか。そんな自信、一人の常識ある日本人なら、出来ないだろう。仮に全ての情報が、上がったとしても同じであったろう。

結果的（無意識的かもしれないが）に、天皇（の権威）を利用して、複数の中で発言力のある、リーダー的な人が自分のやりたいこと（本人は日本のためという言い訳、または正しいと信じ込んだこと）を実行する手段となっていなかったか。今更誰かを責めているわけではない。何が一番大事だったか、国または軍のメンツか？

天皇を一番上に立てることは、誰かが利用できるシステムでしかなかった。そもそもお国のためと言って、容器（国）が一番大事で、中身（国民）を大切にしないのが、当たり前、それがその当時の常識だった。

常識常識と言っても、賞味期限はせいぜい50年か、１００年か、自分で常識を変えることが出来ない日本人は、誰かから押し付けられた常識を守るか、それとも古臭い過去の常識を引きずり出すしかない。

なぜ容器が一番大事と考えるようになったか。

昔、今とは違い、生きるのが大変だった。厳しい生活を経験してきた。容器（群）が生き残ることが大事だった。日本だけでなく。

今日、少なくとも先進国では、ごく一部を除き質は別にすると、生きるだけなら何とか生きられる。だけど、全員が生き残ることが出来ない時代、弱い者・敗れた者は生きていけない。戦って生き残るのが、普通であった。

そのために、容器（群）が一番大事だったのかもしれない。

11 ちょっとひとこと

人間とは、自分より少し頭のいい人と、自分より少し頭の悪い人のことしか、理解できない。

人は同じ間違いはしない。でも同じような間違いは、いつも犯している。
それを克服するには、進化が必要だが、それには1万年か、2万年か、それとも、その前に絶滅か。

仲間意識と差別は、表裏である。
仲間意識は良いことで？　差別は良くないと、何も考えない人は言うが、仲間に便宜を図ることは、仲間以外の人が多少なりとも不利益を被ることになる差別である。

どんな組織でも、内部に居たら、フィルターの掛かった現実しか見えない。

◆きれいごとについて

何も考えてない人のきれいごとは、古い道徳観を利用しているだけである。言っていること、つまり今現在において万人受けする古い道徳観は、間違いではない。

でもそれは、人のことを気遣っている振りをして、自分の（自分が良い人であることをアピールする）ために言っているのである。意識的・無意識にかかわらず。あまり物を考えない人は、即座に回答する。たぶんきれいごとを言うと気持ちが（脳の）いいからだろう。本当に他人のことを考えたら、簡単に答えは出ないはずである。差し障りのないきれいごとで、自分をアピールする人にはなりたくない。その問題に対して、誠意が無い証拠であるから。

きれいごとを繋ぎ合わせると全く辻褄が合わない。例を出すと分かり易い。

あるキャスターが、ある時、生活保護費の話になると、困っている人がいるなら、どんどんお金を出しなさい。同じキャスターが、今度は難病患者が苦しんでいる、どんどんお金をかけて患者を救いなさい。同じキャスターが、今度は……。キリがないので、適当なところでやめるが、確かに一つ一つは良いことを言っているように聞こえるが、このキャスター1年間で、同じようなことを何回言っているか。

全部実現したら、消費税100％以上になるかも。そして、言うことがワンパターンの「きれいごと」。それを見ている視聴者は、人情ドラマを見ているつもりで、いつも納得しているのだろう。あまり賢くない、両者共に。そして、問題の解決に、何の役にも立たない。

✦「ペット」について

これは宇宙人が10年前に言っていたことで、決して私が、言っているわけではありません。日本という国では、ペットの処分に困ると、保健所という所に、持って行くそうです。そうすると保健所では、一定期間そこで保護して、その後、苦しまないよう殺すそうです。

じゃ、保健所が悪いのでしょうか？　保険所で殺さなかったら、保健所は動物で溢れかえるでしょう。ペットは家族などと言う人もいますが、困ったら保健所で殺してもらう。殺犬（猫・動物）依頼でしょうか。保健所の人も大変でしょう。自分で殺せ。他人に依頼するな。なんてね、ひょっとしたら助かるかも？　言い訳はそれだけか。宇宙人って、きついからみんなから嫌われちゃうの、って言ってた。

✦同義語

これも宇宙人が言っていたことです。

毒＝薬、独裁者≠リーダー＝教祖、神＝悪魔。

そんなこと当たり前なのに、何で誰も何も言わないのか。本当のことを言う人は、みんなから嫌われて、殺されちゃったから、本当のことを言う人、居なくなったって、本当って聞かれた。宇宙人に何て答えておこう？


いつの時代も、地動説より天動説の方が優勢（時には絶対）である。素人は見たままの天動説が正しそうで、考えの浅い専門家も数の多い方に付きたがる。

✦正直者が損をする

日本人は、他人に正直者・お人好し・素直を推奨するが、それは何のためか。それは正直者が損をする日本社会だからである。言わずもがな、その振りをする人が、一番得をするからである。その証拠は、一億くらいあるが、その一つを言う。

警察。痴漢事件、罪を認めると（やっていても、やっていなくても）世間に公表されず、罪も軽いが、仮に無罪の人が、裁判を起こすと、裁判の途中で色々なものを失っていく。

裁判に勝っても、失ったものは返ってこない。

これは、警察の脅しである。真実なんかどうでもいい。さっさと終わらして、楽がしたいだけである（言い訳、警察も忙しい）。

これと、刑事事件は起訴されるとほとんど（99％？）有罪になる。これでは裁判の意味が無い。怪しいけど見逃さないと、99％が98％になってしまうのがいやだから、確実に有罪になりそうな奴だけ起訴しようとならないか？

1％が冤罪だとすると99％の有罪率は辻褄が合い、裁判が始まる前に裁判が終わっている。これでいいの？　だからマスメディアも、他人（民衆）も起訴された時点で、犯人の如く扱う。

刑事裁判は確認だけか。これらを総合すると、警察は、目標や努力の方向を間違っているんじゃないか。以上。

✦同義語の解説

毒＝薬――毒も1万倍〜1億倍薄めると大概薬になる。逆に薬も1万倍濃縮すると大概毒になる。特に西洋医学では。
独裁者≠リーダー＝教祖――リーダーや教祖の悪口を言うと、本人ではなく誰か知らない人が、人気のない所に連れていく。独裁者の場合その後、殺されるかもしれないので、少しだけ違うのだろう。
神＝悪魔――人間の都合の良いように事が運んだ場合、それは神のご加護であり、都合の悪いことが起こったら、それは悪魔の仕業である。

◆日本の農業について

日本の農業は、各種規制と補助金のため、そして規制の自由化の遅れにより、疲弊してきた。それはまるで、補助金が麻薬、政治家が薬の売人、農家が麻薬患者のように見えてくる。

戦後、農家の所得安定（近代化）のための、規範・方法が示され、皆同じ正しい方法が好きな日本人は、規制が細かいことまでに及び、それでも最初は良かったかもしれない。しかし時代は変化する。それにより、変えなければならない。

でも、一度決めた規制・補助金等は、変えるのは難しい。政治家と農家の関係、農業への他業種の参入を抑える、各種補助金の支給。

政治家が農家を守っている、分かり易い構図で変えられない。農家は、農家人口の減少、農家の後継ぎ不在で自然消滅。遅すぎる。

政治家は票欲しさで、農家を守ってきたが、農業は守ってこなかった。農家は守られてきたのか？　農家は、各種規制で身動きが出来ず、その分補助金で妥協してきた。ある早い時点で農家は、一企業と同じく独立経営していれば、逞しく育ってきただろう。確かに倒産の可能性もあるが、リスクを0にすると社会主義的で硬直化した、成長の低い社会になる。自由化のスピードは20年以上遅かったと思う。

民主主義・資本主義の世界では、自由がいかに大事かである。

12 黒辞書

「平和」――小さな出来事を、大げさに騒ぎ立てている社会。

「生意気な奴だ、だまれ」――よく、能力のない人、実力のない人が、自分の立場が有利な場合に、相手を黙らせる時に使う言葉。

「ゴマすり」――困っていない有利な立場にいる人を助けること。

「日本人」――肩書と組織に、ひれ伏している奴隷。

「サラリーマン」――出世のごとき、ちんけなものの為に、魂を売るやから。

「人生」――死ぬまでの、暇つぶし。

「ジャパニーズドリーム」――実力がなくても、コネやゴマすりだけで、何の努力をしなくても、どこまでも出世できること。

「日本」――何でも否定してはいけない国。互いに嫉み合うため、リーダーが生まれない国。中国も羨む半社会主義国。

13 ふたことめ

日本のマスメディアも日本国民も、テロリストや独裁国家等の横暴に対して、何もしないで、何も言わない（客観的事実だけしか言わない）ようにしよう。刺激して狙われたら怖いから、確かにそういう生き方もあるかもしれない。昔、日本の一国平和主義と言われていた。

でもそれって、テロリストに媚びているんじゃない。分かっていてそれでいいと、思っているのならいいが。

上司、目上の人（その他イロイロ）、肩書が偉そうな人等に、媚びを売り取り入ることが、一番大事なことのように言う先輩たち、確かに時には必要かもしれない、でも一番ではない。上司や権力者に媚びを売り、それが結構効果が有るから良くない。

何も考えずに取り入る素直な部下を演じ、それが出世する。この後は、悪循環（好循環？）で、同じことの繰り返しになる。このちょっとでも自分が得と見ると、人の顔色を窺うだけの人間が、

「だって出世に響いたらどうするの（響くかもしれない、ほんのちょっとでも）、だからしょうがないだろう」

こう言う人たちは、本当の独裁者が現れたら、率先して言いなりになるのは、間違いない。

「だって殺されるかも、捕まるかも、家族が、（確かに幾らでも言い訳が有りそうだ）だからしょうがないだろう」

◆何も考えていない、もう一つの意味

何も考えないで決めた（上から押し付けられた、若しくは上へ媚び、へつらい、上

と同じ考えだとアピールするため）結論に、都合の良い情報を、あふれている情報の中から、恣意的にチョイスして、やっぱり結論は正しいと言いはる（若しくは思い込む）。これが何も考えていない、の意味である。

✦言論の自由が欲しいと言っているマスコミ

自由な心の無い日本人は、自由・自由と言うが、その自由は権力になる。

日本で、何かが自由になったと言うことが、よくあるが、それは、多くが規制の中で一部だけ自由になっているのであって、整合性が無く、自由な部分だけ他に比べ有利になり、それが権力となる。

日本には自由の心が、根付いていない。自由の意味が分かっていない。自由とは、「他人の自由を認めることである」。

よく幼稚な人が、俺の勝手だろう、自由だろう、それを聞いた幼稚な受け手が、自由とか流行って、ほんと困るわ、……が言うこと聞かなくて。それは自由を求めているのではなく、権利を主張しているのである。自由の意味が分からない者同士の会話である。

規制が基本である日本と、基本が自由である国とは、自ずと同じことを言っても、意味が違ってくる。君は自由を主張しても良いが、周りは、他人は、君だけの自由主張は、それは権利、権力の主張じゃないか考えてみよう。

わたしは、別に日本的が悪いとか言っているわけではない。ただ真実（事実）だけしか興味ない。もし、何かを良くする、改良するとして事実（原因）が分からなくて、出来るのか。原因が分からなくて、医者が病気を治せるのか、原因が分からなくて、機械を直せるのか。

先に、自由とは、「他人の自由を認めることである」と言ったが、意味が分かりづらかったかも知れないので、簡単に説明します。

他人の自由を認めるとは、全ての人の自由を認めることであり、平等の権利として自分の自由も当然認められる。日本人の9割以上は、全く意識しないで生きているのでは。

✦安全神話

ハード面で安全・快適性を追求していくと、進化し過ぎた生物のように、いつか破たんを来す。インフラに寄りかかり過ぎ安心し過ぎて、ペットや家畜のように警戒心の全く無い動物に近づいていく。これでは自分の力で生きているとは言えない状態になる。いつか、インフラが無くなる時に……。

日本が普通の国になっても詰まらない、もう悪口が言えなくなる。

14 最後に

最後に言いたいことを言わせてもらう（散々言っているだろうって）。

昔のことを、現在の基準で裁きたがる人がいるが、昔の常識と今の常識とでは全然違う。

それは時間だけでなく、地域の差も同じである。

男尊女卑、野蛮で治安が悪かったり、経済的に非常に貧しかったり、虐待、強制労働による死、これはほとんど罪にならないか、見逃されて普通にあった。

そんな時、そんな場所で、起こった事を今・先進国の基準で、なんて野蛮で信じられないと言う人がいて、何も考えないでそれに同調する人、私はその人の方が、信じられない。

私の基準で分析すると、いい人ぶりたい人が、よっぽど多いのだろう。まあ、おまけして考えが浅いのだろう、ということにしても良いが。

世界は三次元空間に、時間が存在する。この存在している時間・地域を無視した全ての考え（方）では、事実には到底到達しない。

人間も動物も生き残るため、また一人（一匹）を犠牲にして残りが助かる、また自分かもう一人、どちらかが死ななければならない時、相手を殺したら罪か（現在はもちろんほとんどが法治国家なので犯罪だが）。

でも今存在する全ての人は、そういう時代で殺された方ではないことは確かである。

現在の常識と言っても、何年前から常識になったのか、30年前か、50年前か、また今の常識も30年後、50年後には非常識になっているかもしれない。

「1　日本組織主義共和国」の中で言ったように、組織の中にいると自由な発言は出来ない。逆に言うと考えなくていい、何が真実（事実）かなんてどうでもいい、組織の中でうまくやっていければいい。組織を国に変えても同じである。

自分で判断しなくていい（判断が組織の方針と違うと大変）、考えなくていいのは、凄く楽なんだろう、多分。判断、考えを持たなくなると、自然（当然）に、判断能力が低下、自分で判断出来なくなる。

考えない輩は何という動物だろう。

どちらにしても、動物として親とは言えない。それでも生きてはいける。日本では。組織の中にいると、何も考えなくても生きていける。組織は自分を守ってくれると思い、自分で判断していないので、責任感がない。

群れ（組織）は国であれ、企業であれ、全ての団体は皆同じようなもので、全て勢力拡大、人員増を目指している。

日本は島国で、昔から外部勢力に支配された経験が無いため、大戦での敗戦がショックで、それから現実逃避して、戦争責任を全て国（A級戦犯等）に押し付けて、国民は皆被害者ということにしたが、日本人の付和雷同には、何の責任もないのか？

日本国民は、国益に対して疎いが、国益＝もめ事＝？・戦争とでも思っているのか。

いや私の考え過ぎだろう。何も考えてないのだろう。今は国の代わりに組織が「心ひとつに」なったのだろう。だって、国が「心ひとつに」なったら、昔を思い出す？組織の犯罪行為はまだいいが、個人はだめだ、と言う訳の分からない人がいる。正しいとか正しくないかではない、組織なんだからと言う人もいる。組織がやっていることに、ついて来い（悪いことでも）。

戦前・戦中の「国」が、「組織」に変わっただけである。

平和ボケの人は、平和ボケにリスクは無いと思い込んでいるようだが、それは大間違いである。今は、平和ボケは戦争から逃げているだけで、言っていることは、第二次世界大戦で負けて、悲惨だっただけで、戦争について勉強していない。特に現在・未来の戦争について。

そして逃げていると、背後に迫った危機に永遠に気づかない。私は平和ボケの方がリスクは大きいと思う。

子供にも分かる平和論（ボケ）を中年の男が言っているが、それで現実社会に通用するると思っているのか。舟に二つの穴が開いていて、小さい方の穴を塞いで、大きい方の穴をそのままで、どや顔しているように見える。

平和ボケは、有りもしないおとぎの国としては成り立つが、その時の国際状況や、周りの国の状況を、全く考慮しなくても、変わらず成り立つことが恐ろしい。

考えてから、平和ボケでいこうという結論ならいい。なぜなら状況により、平和ボケを修正する余裕、方法が考えられる。今の平和ボケは、全く身動きできない。何の変化も、譲歩もできない。

一つだけ平和ボケにも良いところがある。

それは何も考えなくて良いから、楽である。

そして何が起きても、責任を取らなくていい立場だと思えるから？（責任感の無さの賜物である）

あとがき

日本人のみなさん、こんにちは。

日本人は人前では、人の悪い所はあまり言いません。最近では、人は褒めて伸ばすのが流行っているようです。でも、物事の良い面ばかり言って、悪い面を言わないと、世の中の半分しか語っていません。

後の半分は、闇となって何処かに潜んでいて、誰かがそこに落ち込むのを待っているかもしれません。

この本は、特殊な例外的なことは扱っていません。極普通の、当たり前と思っていることにある闇です。この闇に少しだけ光を当ててみました。少しだけです。

聞きたくないこと、見たくないものをさけても、取りあえずは生きていけます。問題ないように見えます、今は。でも、未来は違います。この闇のどれかに、全体が飲み込まれるかもしれません。

本書を読んで、ただ否定するだけの人、膨大な量の既成事実を集めて、本書の間違いを指摘する人、そういう人以外の人が、多くいることを願っています。

真仲　民（まなか　たみ）

1956年　北海道釧路市生まれ
1974年　釧路工業高等学校卒業
釧路市在住
趣味：登山

日本人改造論

2019年３月22日　初版第１刷発行

著　者　真仲　民
発行者　中田典昭
発行所　東京図書出版
発売元　株式会社 リフレ出版
〒113-0021　東京都文京区本駒込 3-10-4
電話 (03)3823-9171　FAX 0120-41-8080
印　刷　株式会社 ブレイン

ISBN978-4-86641-224-5 C0095
Printed in Japan 2019

ご意見、ご感想をお寄せ下さい。

［宛先］〒113-0021　東京都文京区本駒込 3-10-4
東京図書出版